MES DÉMONS
MES PEURS
MON COMBAT

© Février 2022, Matthieu Mercier

Édition : BoD – Books on Demand, 12/14 rond-point des Champs-Élysées, 75008 Paris.

Impression : BoD - Books on Demand, Norderstedt, Allemagne

ISBN : 978-2-3223-7514-1

Dépôt légal : Février 2022

Le Code de la propriété intellectuelle et artistique n'autorisant, aux termes des alinéas 2 et 3 de l'article L.122-5, d'une part, que les « copies ou reproductions strictement réservées à l'usage privé du copiste et non destinées à une utilisation collective » et, d'autre part, que les analyses et les courtes citations dans un but d'exemple et d'illustration, « toute représentation ou reproduction intégrale, ou partielle, faite sans le consentement de l'auteur ou de ses ayants droit ou ayants cause, est illicite » (alinéa 1er de l'article L. 122-4). Cette représentation ou reproduction, par quelque procédé que ce soit, constituerait donc une contrefaçon sanctionnée par les articles 425 et suivants du Code pénal.

MATTHIEU MERCIER

MES DÉMONS
MES PEURS
MON COMBAT

À mes parents,
À mon ancienne vie que je ne regrette pas,
mais ô combien je suis heureux d'être libéré,
À moi-même

« La vie mettra des pierres sur ta route,
à toi de décider si tu en feras un mur
ou un pont. »

Coluche

PROLOGUE

Si un jour je m'étais dit que j'écrirais un livre sur ce combat titanesque qui m'aura bouffé une bonne vingtaine d'années, je ne l'aurais jamais cru. Déjà parce que je ne pensais pas qu'un jour je pourrais ressortir vainqueur de cette lutte. Non ce n'est pas une maladie mortelle, mais pour les personnes qui ont cette croyance, je peux vous certifier que vous serez toujours vivant même après une grosse crise. Pour les personnes qui pensent que cela n'est pas une maladie, je vous invite à vous renseigner sur le sujet, car même si l'humain aime juger sans savoir de quoi il parle, il serait plus judicieux de prendre connaissance du mal que peut engendrer cette merde.

Je tenais juste à vous dire à toutes les personnes qui ont ce problème que l'on peut les combattre et vivre librement après.

Parcourez ma vie à travers les obstacles, les challenges de la vie, les coups durs et les coups de mou. Voyez comment j'ai réussi à m'en sortir alors que j'étais bien plus bas que terre.

Nous sommes en 2017 et j'ai enfin vaincu tous ces démons qui me rongeaient l'esprit, ma confiance en moi et mon amour propre. Avant cela, je m'étais résigné à vivre avec ça toute ma vie, aller chez le médecin, aux urgences dès que ça n'allait pas et de me dire qu'à chaque instant je pouvais passer l'arme à gauche.

Ne pensez pas que vous allez mourir, c'est FAUX. Je vous le dis car j'ai vécu et dit la même chose.

Je fais ce livre pour que les personnes qui ont cette maladie se disent qu'ils ne sont pas seuls. Veni vidi vici, comme le disait si bien Jules César. Je veux simplement par le biais de ces écrits vous raconter une vie, ma vie, pas totalement gâchée, mais qui aura eu son pesant de cacahuètes. Cette maladie qui même si pour certains nous diront que ce n'en est pas une, en est une pour nous qui le vivons au quotidien.

Les gens aiment vous dévaloriser, vous dire que vous n'avez pas raison sur certains points. Forcément ! Ils savent tellement mieux votre vie que vous ne la connaissez vous-même. C'est ironique, mais malheureusement vrai.

Généralement à tous ces gens-là, je les invite à venir me rejoindre, boire un café et ils m'expliqueront ma vie, vu qu'ils la connaissent mieux que moi. Vous aussi vous avez le sentiment que des personnes savent mieux que vous votre vie ? Laissez-les dire, c'est aussi ça qui fera votre force et votre pouvoir de vaincre ces crises. Si vous les écoutez vous rabaisser, vous dicter ce qui est bon pour vous, alors vous vivrez toujours avec ces crises.

Je sais, c'est plus facile à dire qu'à faire, surtout que j'en ai fait pendant plus d'une vingtaine d'années, mais j'ai réussi à les combattre et je peux vous dire qu'avec les années qui passent depuis 2017, je me sens libéré et je ris de ce que j'étais avant sans pour autant dénigrer ce que j'étais. Voilà ce qui fait ma force d'aujourd'hui, c'est ce combat acharné que j'ai gagné. Nous sommes en 2022 et je ne ressens plus rien, je sais calmer une crise avant même qu'elle ait eu le temps de dire « coucou ».

Dans ce livre, je vais donc vous parler de ce qui m'a rongé pendant toutes ces années et comment je m'en suis sorti. Peut-être vous reconnaîtrez-vous dans des problèmes similaires. J'ai envie de vous dire qu'il y a toujours une lumière au bout du tunnel.

Je ne parle pas de celle où les anges nous attendent, non prenez l'autre chemin, celui qui vous sortira de ce fléau que sont les crises d'angoisses.

Vous allez connaître quelques passages de mon vécu, certaines choses ne peuvent être dites, il y a déjà des secrets professionnels et des gens qui pourraient se retourner contre moi pour diffamation. Nan, je vais être bien plus intelligent que cela.

Sans le savoir, la vie allait me lancer des challenges, des obstacles, il me fallait comme dans un escape game, chercher les indices et pouvoir sortir de là le plus rapidement possible. Certains ont été bravés, d'autres ont été un échec, mais cela ne me peine pas, je me dis tout simplement que certains rêves que je m'étais fixés ne se concrétiseront pas ou peut-être plus tard avec l'âge. Mes échecs, mes erreurs sont aujourd'hui des cicatrices de guerre. Je sais par où je suis passé, je sais ce que j'ai enduré, je sais que j'ai réussi toutes les épreuves principales. Les secondaires comme le nom l'indique ne sont pas obligatoires.

Je ne rêve plus désormais de ma vie, je vis de mes rêves. Ils ne sont peut-être pas tous concrétisés, mais on n'a pas toujours ce qu'on veut dans la vie.

1.

Au tout début,

il y avait le Big Bang.

Pas d'inquiétude, je ne vais pas vous faire un cours d'histoire préhistorique sur la genèse ou toute autre période ou rien n'existait, mais vous comprendrez quelques lignes plus bas, pourquoi ce titre.

Je m'appelle Matthieu Mercier, je suis originaire de Dunkerque, ville qui est connue pour son Carnaval, son corsaire et ce film éponyme de Christopher Nolan. Né en 1984, par un mois d'août ensoleillé, tout dépendra de quand vous lirez ces lignes, mais pour vous situer nous sommes en 2022 et je vais bientôt avoir trente-huit ans. Je ne vais pas vous raconter toute ma vie de jeune garçon puisque de toute manière, j'ai eu une enfance très heureuse avec des parents aimants et toujours présents.

Non, nous allons carrément sauter les huit premières années de cette petite vie paisible et joyeuse, je n'aurais pas gagné un oscar pour ça de toute évidence. Nous approchons donc de ma neuvième année, le moment des questions existentielles, dont une qui m'a continuellement angoissé dès lors que je me la posais. Et quel meilleur endroit pour penser à ça, que des miches posées sur le trône ? Oui, j'étais déjà un grand penseur à l'imagination débordante.

Pourquoi ce petit garçon qui aime tant la vie se demandait ce que l'humain était avant que la terre n'existe et ce qu'il devient une fois mort ? D'autres gamins, à cet âge là, se demanderaient quel Pokémon, ils utiliseraient contre un légendaire.

Nan pour moi, c'était ce besoin de savoir ce que j'étais avant. Sauf qu'au moment de m'interroger sur ce point très délicat, mon corps m'avertissait de quelque chose, mais je ne savais pas encore de quoi il en retournait.

Mais déjà à ce moment-là, des sensations étranges m'envahissaient. Pour les personnes sujettes aux crises d'angoisses, vous connaissez ce phénomène d'hyperventilation, vous ressentez des fourmillements dans les mains, au visage. Cette enclume ou cet éléphant qui appui sur votre poitrine du côté gauche. Vous voyez des petites mouches devant vous, vos lèvres se crispent et vous avez des difficultés à parler tellement que vous avez l'impression de faire un sourire en cul de poule. Vous ne savez pas si vous avez froid, mais vous tremblez, votre rythme cardiaque est prêt à pulvériser le record de battements par seconde.

Pour le coup, j'allais encore plus loin, je grattais ma langue entre mes dents pour créer de la salive et pouvoir l'avaler, ce ne serait pas drôle sinon. J'avais cette sensation que quelqu'un m'étranglait et je ne pouvais plus déglutir. Cela m'arrive encore pendant certaines nuits mais sans gravité puisque maintenant je sais comment gérer le stress.

Je ne le savais pas encore, mais j'avais ma première crise d'angoisse. Pensez-vous que j'allais arrêter de méditer sur cette question à la con, celle qui a failli me "tuer" ? (Oui je le mets entre parenthèses, car sachez que l'on ne meurt pas d'une crise d'angoisse). Et donc pour répondre à la question, bien sûr que non, pratiquement tous les jours, j'avais cette question. Vous allez me dire :

— Arrête d'y penser ou pense à autre chose.

Le mal était fait, mon cerveau l'avait enregistrée.

Dès lors qu'une crise faisait son apparition, j'étais comme vous, je me disais que ça y est, c'était la fin des haricots, j'allais caner dans les minutes qui suivaient, mais non je suis toujours là (sinon je ne sortirais pas ce livre) ou alors je suis mort et personne ne me l'a dit.

Je peux vous dire que je revis depuis 2017, donc je vous laisse imaginer ce que j'ai enduré depuis les débuts des années quatre-vingts-dix. Mais ça je vous en parlerai plus tard dans le livre.

Et pendant plusieurs années, j'avais cette question qui me taraudait l'esprit, mais pas que, pourquoi aller au plus simple quand on peut faire pire que ça ? Pourquoi simplement se poser la question ? Ce serait tellement plus marrant de s'imaginer la réponse. Et voilà comment ce petit garçon à l'imagination débordante a su créer l'univers avec la Terre, la faire disparaître pour se retrouver comme une andouille dans l'espace. C'est bien le Big Bang qui a créé notre si belle planète qui part en sucette malheureusement. En conséquence, il me fallait ce point de départ pour savoir ce que nous étions avant, bon je vous rassure je n'ai toujours pas la réponse à cette question.

Pourquoi se faire une simple petite frayeur lorsqu'on peut être terrorisé par plus d'imagination ? J'ai voulu aller plus loin dans le développement de cette interrogation puisque après j'ai sauté toutes les étapes de la vie, cela aura été rapide vue que je n'avais encore rien vécu. Personnellement si j'avais vu tout mon futur rien qu'en faisant ça, d'une je pense que je serais riche et de deux, je n'aurais pas fait autant d'erreurs dans ma vie. Même si aujourd'hui je ne regrette rien, au moins je sais où je ne dois plus faire la même.

Donc j'ai sauté cette micro vie et je me suis imaginé mort, bon vous êtes en train de vous dire :

— Mais ce mec est complètement barré.

Je ne vous donne pas tort. Comment pouvais-je savoir que j'allais être comme ça ?

Que j'imagine le « avant » ou le « après » les résultats étaient les mêmes. Je n'avais pas de réponses à ce mystère et en prime je faisais une crise d'angoisse.

A cet âge-là je ne savais pas ce que je faisais, j'avais juste peur. Je ne le saurai que plusieurs années plus tard. Je ne savais pas non plus que mes crises d'angoisses avaient débuté à cause de cette simple question. C'est par la suite aussi que j'ai découvert l'élément déclencheur des crises.

Celles-ci revenaient sans cesse, en cette période, elles étaient tout ce qu'il y a de plus banales. L'avantage c'est que je n'allais pas encore sur internet, nous n'avions pas encore d'ordinateur à la maison et le minitel coûtait une blinde.

Les docteurs en papier mâché n'existaient pas encore sur internet. Maintenant vous tapez sur un moteur de recherche les mots « poitrine gauche » ou « ongles bleus » et vous arrivez sur un forum où tous les toubibs ont bac moins six dans tous les domaines médicaux, ils savent pertinemment que vous faites une crise cardiaque. À les entendre on serait déjà tous morts.

Bien entendu, je vous le dirai, évitez tous ces sites. Rien ne vaut les conseils d'un médecin de famille. Allez voir un professionnel de santé, ne jouez pas avec le feu.

Je vous rassure, j'avais une imagination autre, pour inventer des histoires farfelues avec mes peluches et mes Playmobil. C'étaient des aventures bien plus joyeuses et rocambolesques. C'était peut-être déjà à ce moment-là que j'aimais raconter des histoires. Ce qui plus tard deviendra ma passion et mon métier.

2.
Le stress fait son entrée

Pourquoi s'arrêter en si bon chemin ? Jusqu'au début de mes années lycée, je n'avais pas trop de problèmes avec mes crises d'angoisses, car elles étaient toujours ciblées sur cette même question. Malheureusement j'allais découvrir à mes dépens que les crises allaient me montrer la face cachée de l'iceberg. J'étais parti pour le remake de Titanic avec seul rôle principal : MOI, l'iceberg c'était les crises. Pour le bateau c'était une caisse en bois et des rames, ça je peux vous dire que j'ai ramé.

Je suis entré dans un lycée hôtelier non loin de chez moi, la vie au lycée général ou l'université ne m'intéressait pas du tout. C'est même dans ce bahut que je ferai une rencontre des plus improbables et la meilleure encore qui soit aujourd'hui. C'est cette année-là que je fais la connaissance de celui qui deviendra mon meilleur ami, mon frère de cœur, mon frangin, mais ce n'est pas le sujet de ce livre même s'il y en aurait à raconter.

Je veux vous amener au jour où je reçois ma première fiche de paie, un extra que j'avais fait dans un restaurant à plusieurs kilomètres de chez mes parents. N'ayant pas le permis et donc pas de voiture, heureusement pour moi, ce jour-là, c'est donc ma mère qui m'accompagne dans ce fameux restaurant, on y va ni pour goûter sa spécialité ni pour tailler le bout d'gras. Non, on y va parce que le patron ne m'avait pas payé. Sur la route, je commence à me dire que si la vie, c'est travailler sans être payé, à quoi ça sert ?

Et voilà, le stress fait une entrée fracassante dans ma tête, les symptômes de la crise d'angoisse ne se font pas attendre, cette sensation de ne plus pouvoir respirer et aucune échappatoire pour la reprendre. Nous sommes en voiture, je suis côté passager, la première chose que je souhaite, c'est sauter du véhicule.

Je ne vous dis pas dans quel état de peur j'ai mis ma pauvre mère à ce moment précis. Imaginez si j'avais eu le réflexe d'ouvrir la portière, j'aurais fait le grand plongeon, surtout sur une autoroute, ça ne pardonne pas. Je baisse la vitre et tente de reprendre un peu d'oxygène, malheureusement à cet endroit précis, la seule odeur qu'on puisse avoir dans les narines était celle qui provenait de l'usine en contrebas qui rejetait de l'huile végétale.

Nous prenons la bretelle de sortie et nous nous arrêtons devant la première habitation que nous découvrons. Les gens nous accueillent un peu surpris, on m'offre un verre d'eau avec un morceau de sucre, on fait appel aux pompiers et on me parle. Le temps que les secours ne débarquent, ma crise s'estompe petit à petit. Nous sommes donc rentrés calmement une fois que les pompiers m'avaient informé que je faisais des crises d'angoisses. À chacune d'entre elles, je me disais toujours "je vais mourir". Cela peut paraître marrant pour les personnes qui ne vivent pas de ces crises, mais lorsque celles-ci vous pompent toute votre énergie, vous vous posez des questions.

Je commençais de ce fait à angoisser pour un rien à partir de là, le plus dérangeant, c'est que même à ce moment-là, je n'osais parler de ça à qui que ce soit.

Elles n'étaient pas constamment aussi fulgurantes que celle que je venais d'avoir en voiture.

Ma vie allait changer du tout au tout à cause de ça.

3.

C'est parti pour une vie

enrichissante et chaotique.

Avant de quitter le lycée en 2004, c'est ma grand-mère maternelle qui nous quitte pour un voyage dont elle ne peut pas revenir. Je perdais une personne qui était là pour moi, chère à mon cœur, avec qui j'aimais sortir le matin de bonne heure, juste pour descendre en ville pour acheter du pain. Le coup fut brutal et dur à encaisser, on m'apprenait ça au réveil, je suis resté paralysé pendant près de dix minutes. Plus de son, plus d'image. La terre s'arrêtait de tourner, plus rien n'avait d'importance ce jour-là, même si l'on m'apprenait que Médor avait eu une portée de chiots avec la chienne du voisin.

Malheureusement je devais me faire à l'idée de ne plus jamais la voir, la prendre dans mes bras, sentir son parfum, jouer au scrabble, l'entendre chanter dès qu'on disait un mot. Vous lui disiez « chaussette », elle pouvait vous fredonner une musique de son temps avec ce mot.

Le dernier conseil de classe, je suis invité, et l'on me dit que si je ne me ressaisis pas, je recommence ma dernière année. Je me vois encore taper du poing sur la table en leur disant à tous que j'aurais ce diplôme pour ma grand-mère.

Je quitte donc le lycée avec mon bac professionnel en poche. Les restaurants, malgré qu'ils soient nombreux à Dunkerque, me ferment les portes, généralement, c'est pour mon peu d'expériences. Comment peut-on gagner de l'expérience si personne ne désire nous en donner ? Vous aussi, vous l'avez déjà entendue cette phrase qui ne sort que de la bouche des patrons alors qu'ils ne souviennent pas qu'ils étaient comme nous à leur début. L'expérience monte à la tête de certains. Comme s'ils avaient commencé cadre supérieur directement.

— Je ne peux pas vous prendre, vous n'êtes pas assez expérimenté ?

— Bin fais-moi bosser, apprends-moi et j'en aurai.

C'est que je leur aurais dit si j'avais eu de la gueule, mais tout ce qui m'entourait, et même dans ma tête, c'étaient des pensées négatives. Lorsque quelqu'un vous sort que vous serez nul dans ce métier, ça vous met le moral dans les baskets.

J'ai donc mis de côté la restauration pour faire de l'intérim, j'y gagnais mieux ma croûte, même si c'était à l'usine, je m'y sentais bien. J'avais pratiquement tout, une voiture, un boulot, il ne manquait plus qu'une âme sœur.

En 2006 je fais la rencontre d'une jeune femme qui deviendra plus tard ma femme et bien plus tard mon ex-femme. Tout était tout beau rose au début, mais les crises d'angoisses étaient toujours présentes, l'une d'elles m'aura fait vivre un véritable cauchemar. Une personne de mon entourage avait perdu la vie quasiment la même année que celle de ma grand-mère, mais pour cette personne je n'avais pas eu le courage d'aller la voir ni d'aller à l'enterrement. Celui de ma grand-mère m'avait déjà bien refroidi. Pourquoi je vous dis ça, parce qu'entre 2006 et 2007, je ne saurai plus vous dire la date exacte, j'ai souhaité me rendre sur la tombe de ce disparu auquel je n'avais pas été le jour des obsèques.

Devant la concession, je n'ai rien ressenti, cela me faisait juste bizarre de venir après si longtemps. Je suis resté quelques minutes puis je suis reparti sur Dunkerque au volant de ma voiture.

Sur la route, ce qui devait arriver, arriva. Cette sensation de fourmillements, ce visage qui se crispe et des mouvements brusques ; je ne vais pas vous le cacher, la peur que cette angoisse m'arrive dix minutes après mon départ, m'aurait été fâcheuse. Il m'aurait été tout bonnement impossible de m'arrêter sur le bord de la D916, que je récupérais pour retourner sur Dunkerque, d'un côté il y avait le canal de Bergues et de l'autre, les voitures qui venaient en sens inverse, donc aussi dangereux pour moi que pour les autres.

Bien chanceux que cela ne se produise qu'à quelques centaines de mètres du centre-ville de Dunkerque.

Lorsque j'ai senti les premiers symptômes, j'ai décidé de changer de voie et de me garer en urgence sur le parking qui faisait face aux anciens bains. Je suis sorti de mon véhicule, à la recherche d'un endroit où je pourrais me sentir rassuré si je venais à faire un malaise.

A Dunkerque, on trouve beaucoup de bars, c'était le plus proche du parking et au moins j'étais sûr d'y trouver de l'eau et du sucre.

Allez expliquer à des gens qui vous regarde avec des yeux de merlans frits que vous faites une crise d'angoisse et que vous avez besoin d'un peu d'eau et d'un morceau de sucre pour vous calmer.

La patronne me fait asseoir et me demande si elle doit appeler les secours. Même moi, j'étais dans le questionnement, devais-je le faire ou non ? Étant donné que je tremblais et que je voulais être dans ma bulle, cette brave dame a néanmoins passé l'appel. Le temps que les secours arrivent, ma crise se calmait. Je retrouvais tranquillement ma respiration.

J'ai découvert qu'un changement d'humeur pouvait se produire. Sûrement dû à cet homme.

— C'en est encore un qui est en manque de drogue, il ne doit plus avoir de quoi fumer, a-t-il lâché en me méprisant.

— C'est facile de juger une personne qui vient de sortir d'un cimetière, lui répondis-je sans aller plus loin.

Pourtant, je lui avais répondu avec tellement de hargne qu'il se tût aussitôt.

C'est quand même dommage que nous soyons toujours en train de juger autrui sans connaître la personne. Pourquoi juste ne pas le marmonner dans sa tête et fermer sa gueule ?

Étant donné que les secours étaient en route, j'ai attendu qu'ils arrivent. Ils m'ont tout de même pris ma tension et m'ont demandé ce que je faisais quelques instants avant. J'ai pu leur expliquer tranquillement le déclenchement de cette crise.

C'est en rentrant à la maison que le soir venu, j'ai craqué. Pour moi, c'était fini, ma vie allait être un enchevêtrement de problèmes de santé et de galères.

4.

Il faut vivre avec

C'est en 2008 que ma vie va prendre un sacré tournant, quelques mois auparavant en 2007, (je suis toujours avec cette fille rencontrée l'année précédente), on me dit que je n'ai plus le droit de venir la voir chez ses parents sans avoir un emploi fixe. Quand j'ai entendu ça, à ce moment précis, je me disais qu'il fallait que je trouve quelque chose, mais quoi ? Surtout qu'à cette époque, déjà, travailler pour un patron m'horripilait.

— Vous avez quinze minutes pour faire ce travail !

— Pourquoi vous avez fait ça comme ça ?

J'en passe et des meilleures, pourquoi ils ont constamment cette envie d'aller vite ?

La vie est déjà courte, personnellement je préfère prendre mon temps et que le résultat soit concluant. Pourtant, il fallait bien passer par là pour gagner sa croûte. Une âme vient alors à moi et me conseille l'armée.

Le stress monta rapidement au cerveau ; la guerre, les morts, les opérations extérieures, les ordres. Je voulais rester avec cette fille qui m'aimait pour ce que j'étais. Je décide donc de me rendre à la caserne de Dunkerque pour m'enrôler. L'adjudant chef qui me reçoit m'explique ce que l'on y fait.

Comment vous expliquer qu'une crise d'angoisses aurait pu faire son apparition entre ces murs, j'étais sur le point de signer un papier qui m'attirerait des crises à n'en plus finir. Le sort en était jeté : je signe. Dans ma tête je pensais qu'on allait me recaler parce que j'étais trop frêle, trop émotif, trop ceci ou pas assez cela.

Je voyais les militaires comme dans les films. Maintenant si tu n'as pas de charisme, les dents blanches et des muscles en béton ou une plastique à faire exploser le pacemaker de certains, tu ne vaux rien. Je préfère regarder encore un film avec de Funès ou Lefebvre où je vais exploser de rire.

Penses-tu ! Quelques semaines après, je reçois mon ordre d'affectation et hop, direction Châlons-en-Champagne pour intégrer le corps des transmissions.

"Une arme dangereuse"

Gérard Jugnot,

La septième compagnie au clair de lune.

À quelle sauce allais-je être mangé ? À peine le temps d'avoir perçu mon nouveau paquetage, avec deux nouvelles recrues, je prenais la direction de Metz pour y faire mes classes.

— Quand je t'ai vu sortir du véhicule, j'ai pris peur, lâcha un de mes frères d'armes quelques semaines après notre arrivée.

J'étais tellement maigre qu'on pouvait passer une lampe dans mon dos et je passais aux rayons X. Bon j'extrapole, mais j'étais maigre quand même. Il me voyait néanmoins bon sportif surtout à la course et légèrement plus intelligent que les autres. Alors que non.

Je sentais une baisse de moral, le stress me bouffait énormément d'énergie en plus du sport que l'on pratiquait tous les jours. Les nuits à veiller sur le camp, dormir à la belle étoile ou crapahuter dans la boue, se réveiller avec le treillis humide. Et pourtant qu'est-ce que j'aimais ça. Je m'étais toujours dis que jamais je ne rentrerais dans tous ces corps de métier et pourtant je faisais le plus beau métier du monde. Je pouvais être fier de cette nouveauté chez moi.

Plus les semaines passaient, moins je ressentais mes crises d'angoisses, comme si mon démon sommeillait en moi. Je me souviens que la première semaine de mes classes, on nous a laissé retourner chez nous. J'étais fier de revoir mes parents et leur montrer mon uniforme. Lorsque j'ai sonné à la porte, mon père m'a ouvert, il m'a reluqué de la tête aux pieds. Un détail avait toute son importance, je me tenais enfin droit, et non plus avachi comme je l'étais auparavant, même si j'avais encore cette taille filiforme.

En entrant je dis bonjour à ma mère, puis nous discutons de ma première semaine. Mon père me fixe du regard.

— Qu'avez-vous fait de notre fils ? me dit-il.

Pensez bien qu'à la première semaine de l'armée, je filais droit. Je fermais ma gueule quand on me donnait un ordre, qu'il fallait que je recommence une activité ou que je faisais une erreur. J'avais changé de comportement et de posture en une seule semaine.

Ça en materait plus d'un aujourd'hui, je vous le dis.

Je passe les classes, mes parents, mon meilleur ami et mes parents sont présents pour assister à la remise des bérets. J'ai réussi haut la main en arrivant troisième au classement.

5.

Seraient-elles derrière moi ?

On va sauter quelques mois dans la caserne jusqu'au au jour où l'on m'ordonne de préparer mon paquetage, je pars en OPEX (OPération EXtérieure). Je pars pour le Liban, un pays qui est à cheval entre la guerre et la paix. Je préviens quelques membres de ma famille puis avant de partir je m'arrête à Épernay, sur la tombe de ma grand-mère, en tenue militaire, pour lui montrer comment j'étais beau.

Je baisse mes lunettes de soleil, oui ce jour-là les rayons du soleil me brûlait la rétine, il me faisait pleurer, je salue militairement puis retourne à Châlons-en-Champagne, dans ma caserne. (Bon d'accord, ce n'était pas le soleil).

Le jour J, je quitte cette ville qui m'a accueilli à bras ouverts pour Paris, on ne passe pas voir les monuments de la ville. Je ne vois juste que le tarmac et les gros cigares volants stationnés en créneau. Ma musette sur le dos, je grimpe dans l'avion, avec de l'appréhension et le trouillomètre à zéro. De toute façon, je ne peux plus faire demi-tour. Mon premier voyage à l'extérieur de l'Europe je ne le fais pas pour des vacances, mais pour mon pays.

Je sens le stress monter à vive allure, les symptômes débarquent comme en Normandie, mais ils n'arrivent pas par bateau. Un de mes supérieurs tente de me calmer et fait un pari avec moi.

— Si tu fais une crise d'angoisse pendant le décollage, d'une part je t'en colle une et d'autre part je te paierai une pizza une fois dans le petit village. Si tu n'en fais pas, tu m'en devras une.

Le petit village, c'était un petit coin du camp dans lequel il y avait des boutiques de fortune tenues par des libanais. Je peux vous assurer que mon supérieur a apprécié sa pizza.

Bon j'ai quand même reçu une pichenette à l'arrivée.

— Tu vois j'te l'avais dit que tu n'en ferais pas.

J'aurais pu en faire une, mais l'adrénaline d'entendre les turbines tourner à fond, j'avais plus le sourire qu'autre chose, pendant le vol j'ai regardé un film, qui m'a détendu également.

Pendant le trajet entre Beyrouth et la frontière israélienne, je n'en menais pas large. Assis dans un bus, mon arme de guerre entre les jambes, prêt au cas où, nous roulions protégés par deux véhicules blindés. Je ne vous dirai pas où j'étais posté par respect pour mes frères d'armes.

J'ai passé quatre mois dans un pays étranger, loin des miens. Les crises d'angoisses, une fois sur le terrain, étaient costaudes au début, le premier mois passé, lentement elles disparaissaient.

Je pouvais communiquer par visio, merci à la nouvelle technologie, même si j'avais mis en garde mes parents, mon meilleur ami et ma future femme que tout pouvait basculer d'une minute à l'autre.

Avec mon frangin de cœur, on en reparle encore de temps en temps lorsqu'on discute avec des femmes, ça a son petit côté mystérieux et aventurier.

Malgré tout un mal me rongeait de l'intérieur, j'étais fatigué de tout ça, j'étais à deux doigts de faire une belle connerie, mais je ne serais là pour vous en parler aujourd'hui, si je l'avais faite.

Une voix dans ma tête m'a dit qu'un jour, j'allais connaître le bonheur extrême. C'est donc les larmes aux yeux que j'ai enlevé le canon de mon palais puis j'ai pensé au peuple libanais. Il a vécu des guerres à n'en plus finir, pourtant il se reconstruisait, il gardait les cicatrices de ses blessures pour montrer qu'ils étaient toujours debout. Un peuple tellement attachant que lors de mon départ, j'ai eu du mal à contenir mes larmes, eux avaient l'habitude de voir arriver et partir des soldats, mais je n'avais pas l'habitude de quitter des amis pour toujours. Les libanais resteront ma plus belle expérience de toute ma vie.

Pendant les trois derniers mois, j'ai vu et fait des choses qui me resteront à tout jamais en mémoire. Je ne pensais pas qu'un jour mes démons, remonteraient à la surface. Et ce jour-là, je n'allais pas être prêt du tout. J'y reviendrai plus tard.

De retour en France, sur la route pour rentrer chez moi, je m'imaginais dans un film américain, lorsque le militaire rentre chez lui et que tout le monde lui saute dans les bras, surtout sa femme. J'avais le sourire jusqu'aux oreilles pendant que je montais les marches de l'appartement.

Entre mes classes et le Liban, j'avais pris une location pour que ma chère et tendre s'installe avec moi.

Lorsque je suis rentré chez nous, mon rêve américain s'était effondré comme un château de cartes.

— Ah c'est toi, me lâcha-t-elle sans aucune expression.

Le sac qui pesait vingt kilos dans mon dos, semblait en faire plus d'une tonne. Oui je sais, déjà là, cela aurait dû me mettre la puce à l'oreille, mais je me suis dis qu'elle avait l'habitude avec un membre de sa famille qui lui aussi était dans l'armée, cette dite personne qui m'avait conseillé de m'enrôler.

Je pensais ne plus faire de crises d'angoisses, celle qui se pointa ce jour-là fut la plus forte que je n'avais jamais faite. Sûrement tout le stress accumulé pendant quatre mois qui soudain redescendait et cette réplique qui m'a refroidi direct, je ne savais plus où j'étais.

Quelques mois passent et je fais abstraction de cette réaction, même si elle me restait en travers de la gorge. Je continue mes journées de travail au sein de la caserne, on me greffe dans les salons du général de brigade pour être à son service. Même si j'étais serveur dans l'armée de terre, j'étais militaire avant tout.

Ma future femme m'annonce qu'elle rentre en école de police, je la soutiens à cent pour cent dans sa démarche, au moment où elle m'informe qu'elle avait trouvé une maison à quelques kilomètres de notre appartement, je lui dis qu'on m'a proposé deux choix.

Très franchement, je n'ai pas hésité longtemps, juste le temps de tousser et j'avais répondu à mon capitaine. L'on me proposait soit de partir en Afghanistan soit être aux ordres du Gouverneur Militaire de Paris aux Invalides.

Je prenais donc le train pour rencontrer le porte fanion du GMP, un homme qui deviendra un mentor et un ami.

Il m'invite à rencontrer tout le personnel, civil comme militaire. Malgré la vie chère, je n'allais pas passer cette occasion d'être planqué et de gagner plus qu'un sergent en province. Je restais toute la semaine sur Paris, je revenais à la maison tous les week-ends, sauf obligation de service.

La vie parisienne ne me plaît pas pourtant, le stress, la pollution, les gens pressés, tout est fait pour péter une durite. Quand je prenais le métro, je voyais des personnes qui étaient hystériques parce qu'elles l'avaient loupé, alors que si on regardait les écrans, il y en avait un même pas six minutes après.

J'avais cette faculté à être sujet aux crises d'angoisses et pourtant j'avais un calme olympien dans certaines circonstances.

Le stress de Paris me bouffe, mon stress prend le dessus. Le mariage arrive à grand pas, un jour heureux comme beaucoup d'entre eux. Le jour J, tout est parfait, à part que je vois beaucoup de choses qui me dérangent puis vient la première nuit des jeunes mariés. Je m'étais forcé à ne pas me mettre minable pour assurer. À y repenser, j'aurais mieux fait de me saouler la gueule et me casser une patte ce jour-là, mais si nous savions notre futur à l'avance, nous ferions beaucoup moins d'erreurs.

Comment pourrions-nous vivre sans faire d'erreurs puisqu'on apprend de nos erreurs.

6.
Descente aux enfers

La vie à Paris est difficile, métro, boulot, dodo, voilà ce qui anime mes journées. La pilule n'était pas encore passée de cette nuit sans l'avoir consommée. Cela faisait déjà la deuxième erreur qui me restait en travers de la gorge. On dit toujours que l'amour rend aveugle, le mariage rend la vue. Pour celui-ci j'aurais préféré demeurer aveugle.

Ce que je ne savais pas c'est que tout allait se désagréger en deux ans de temps.

Mes démons du Liban refont surface, à ce stade je n'ai jamais parlé à qui que ce soit de ce que j'avais vécu et fait là-bas. Tout restait en moi, dans un coffre que personne ne pouvait ouvrir, pas même la fouille cervelle qui allait me faire face d'ici peu. La dégringolade débuta lorsqu'on avait trouvé un appartement en région parisienne. La vie en couple était assez difficile par la suite. En famille, on montrait la face visible de l'iceberg, mais hors caméra, c'était tout autre. J'étais malheureux, j'étais dépouillé de ce que j'avais touché, soldes, primes d'Opex... (bon, c'est aussi ma faute, si j'avais su dire non, je ne serais pas dans la mouise dans laquelle j'étais, il y a encore quelques années).

Je plongeais mon chagrin dans l'alcool, je rentrais souvent avec trois litres de bières d'engloutis, c'est là où l'on voit le côté caché des gens, pour ma part, ce n'est pas l'alcool méchant, je suis joyeux et fêtard, au pire je dors. L'alcool, le stress et les crises d'angoisses cumulés, j'ai eu un burn out total, j'étais fatigué de tout, lorsque l'une de ces crises me plongea dans les ténèbres.

Ce jour-là, je travaillais dans le jardin du GMP, je sentais cette pression au niveau de ma poitrine, il faisait chaud ce jour-là et pourtant je tremblais, je suais des grosses gouttes, les symptômes étaient plus rapides que le TGV.

Quelque chose de nouveau m'a effrayé, j'avais cette impression de beuverie, je titubais, ma vue se troublait, j'entendais les gens me parler comme si j'avais plongé mes oreilles dans l'eau. Je courus voir les pompiers qui, heureusement, avaient un poste aux Invalides.

En pleine crise d'angoisse, j'ai du mal à m'exprimer, on m'amène alors un verre d'eau et du sucre, ils me font faire des analyses, le plus gradé appelle le cabinet du porte fanion et lui annonce qu'ils m'emmènent à l'hôpital Val de Grâce pour des examens approfondis. C'est à ce moment précis que j'ai compris que ma santé en avait pris un coup.

Une fois sur place, tellement j'étais tendu, ils durent faire appel à une infirmière pour me calmer et pour détourner mon attention. Ils n'arrivaient pas à planter leur aiguille, mes veines étaient gonflées à bloc. Le simple fait de discuter avec cette infirmière, je me suis détendu et ils ont pu me faire cette intraveineuse. Je suis resté plusieurs heures en attente, la crise s'estompait petit à petit. Un toubib vint à ma rencontre et m'annonce que j'allais devoir faire un tour en cellule psychiatrique pendant quelques mois.

Mon cerveau toujours en action, se permit de m'imaginer dans une chambre avec un lit et des ceintures à chaque coin. J'étais parti pour trois mois d'enfermement.

Le premier jour était assez compliqué, on m'avait enlevé ma tenue militaire en échange d'une belle chemise d'hôpital. Se trimballer ça avec des rangers aux pieds, le glamour dans toute sa splendeur, si j'avais été une star, j'aurais sorti une nouvelle mode.

J'étais libre de mes mouvements dans ce couloir, j'entre dans une pièce où d'autres jeunes sont présents puis je sympathise avec eux. Les médocs étaient à prendre obligatoirement devant les infirmiers.

Vint le jour de ma première consultation avec un fouille-cervelle, je vais lui donner du fil à retordre, j'étais un véritable bunker, même sous la torture, je ne parlais pas. Cependant, celui-ci était bien plus méticuleux, il a su trouver la faille et les vannes étaient ouvertes. Il ne saura pas grand-chose de mon opération extérieure, par contre j'ai déversé tout ce qui n'allait pas dans ma vie privée.

J'étais malheureux.

Dans ma chambre d'hôpital, je ruminais, tout se chamboulait, je faisais des crises, j'avais le droit à ce médicament super dégueulasse et qui te rendait légume. NON ! J'étais plus fort que ça, je ne voulais pas être un cobaye ou un rat de laboratoire, je me suis battu pour remonter la pente. Ils m'avaient dit que si je ne faisais pas d'effort, alors ils me gardaient aussi longtemps qu'il était nécessaire.

Vint ma première visite. En voyant mes parents arriver un jour, dans leur esprit, ils me voyaient alité ou groggy par les médocs, mais lorsqu'ils m'ont vu, j'étais debout dans ma chambre, je me préparais à rejoindre les amis que je m'étais fait, les jeunes étaient logés à la même enseigne que moi, pas pour les mêmes problèmes, on en discutait et ça nous faisait du bien.

Lorsque j'ai vu ma mère pleurer pour ma santé, le regard de mon père l'était tout autant même s'il ne le montrait pas, j'ai eu un déclic.

— C'est pas comme un légume que tes parents veulent te voir, dit-la petite voie dans ma tête.

Lorsqu'ils sont repartis, je me suis alors battu pour sortir d'ici. Ma deuxième visite fut plus officielle. Le Gouverneur Militaire de Paris en personne qui vient à la rencontre d'un de ses soldats, ce haut gradé, aux cheveux gris-blancs, aussi frêle que moi, mais qui imposait par son charisme et ses années militaire presque aussi longues que ma petite vie sur Terre. Un homme que je n'oublierai jamais.

Il m'annonce que je ne pourrai pas participer aux prochaines sessions pour devenir sergent, que je suis interdit de port d'armes. Dans son for intérieur, il avait raison, même si de mon côté je voulais continuer dans l'armée et monter en grade. J'ai dû me mettre à l'esprit qu'il me fallait refaire mes preuves pour récupérer mon arme. Un militaire sans arme, c'est un footballeur sans ballon.

Donc, comme on le dit si bien à l'armée, je me suis sorti les doigts du cul et j'ai pu sortir de cette cellule, qui je suis sûr sans ces deux visites j'aurais sûrement le cerveau atrophié. J'avais néanmoins un suivi pour être sûr que je ne replonge pas dans la tourmente. J'ai pu retourner parmi les miens, il me fallait voir mes parents et mon meilleur ami. Nous sommes remontés sur Dunkerque avec ma femme puis nous sommes également passés par la belle-famille. J'aurais mieux fait de rester avec les amis, l'avantage, c'est que ceux que j'avais en ce temps-là ne me jugeaient pas.

C'est toujours facile de juger une personne quand on ne sait pas ce qu'elle a enduré auparavant.

— C'est juste du cinéma ce que tu fais, tu voulais sortir pour être avec tes amis. Quand on est malade on reste à l'hôpital.

J'ai ouvert ma gueule en plus des vannes, je lui ai dit que de toute façon il ne comprendrait jamais ce que j'ai vécu.

C'est marrant le nombre de personnes qui connaissent mieux votre vie que vous-même.

J'avais déjà dans l'esprit de demander le divorce à ce moment précis. Je commençais à en avoir par dessus la tête qu'on me rabaisse sur tout ce que je faisais.

7.

Tout bascule.

Je travaille avec ma pire phobie.

Fin 2011, on entend dans les journaux télévisés que les femmes de militaires, sauf la mienne, manifestent contre ce nouveau logiciel qui s'occupe des soldes (c'est ainsi que l'on nomme les paies à l'armée). Nous, soldats, n'avons pas le droit de manifester.

Ce bug a fait que des militaires en Opex touchaient des ronds de carottes et d'autres en France touchaient le pactole ou que dalle.

Bien entendu, je ne dérogeais pas à la règle, pendant quatre mois, j'étais sans solde, j'avais l'impression de travailler pour l'armée du salut, bénévole juste prêt à se prendre une bastos entre les deux yeux.

Le deuxième mois sans argent était compliqué, Noël approchait à grand pas, ce que j'avais touché du Liban avait déjà été pompé par la fée "moi un cadeau". Je m'étais aussi fait plaisir en m'offrant une voiture, je sais que j'ai aussi mes torts, mais la pareille n'a pas été dans le même sens lorsque c'est moi qui étais en galère. Mépris, regard de haut, voilà ce dont j'avais eu le droit.

J'ai donc demandé à voir le GMP, je venais de bouffer quatre mois sans avoir une seule entrée d'argent.

D'ailleurs cela fait depuis 2012 que j'attends toujours à ce que l'armée me paye ce qu'elle me doit. Vous pensiez que l'armée m'aurait fait un virement une fois le problème résolu ? Pas du tout, je suis toujours en attente de cette somme. J'ai voulu porter plainte contre l'armée, mais c'était peine perdue, j'avais une chance comme au loto de gagner ce procès.

J'ai de ce fait décidé de quitter l'armée, mais pour partir il me fallait trouver un emploi. Avec mon diplôme dans la restauration, j'ai fait le tour des restaurants et comme je suis curieux de nature, j'ai voulu tenter les agences de pompes funèbres. Grâce à mon bac et mes expériences de service à l'armée, j'ai pu intégrer une équipe comme agent funéraire. Oui les restaurants à Paris ne m'intéressaient pas dans la capitale, je ne me voyais pas y vivre pour le restant de ma vie.

Travailler avec la mort. Cette peur qui m'a retourné le cerveau lorsque j'avais neuf ans. Ces souvenirs de mon esprit qui partait en mode philosophie "qu'étais-je avant et que serai-je après ?".

J'ai pu rencontrer une personne à l'allure british, il ne lui manquait plus que le chapeau haut-de-forme ou melon et il avait le rôle. En peu de temps, il m'avait appris toutes les ficelles du métier, j'étais autonome en quelques jours. Même si la hantise de travailler avec des morts était prenante, je m'épanouissais dans ce métier. J'ai pu vivre des expériences non pas paranormales mais religieuses. La maison funéraire accueillait toutes les religions, j'ai pu constater les différentes cultures. Malgré mon métier, mes amis et ma famille restaient sans voix lorsque je leur disais ce que je faisais.

— Même moi, je n'oserais pas faire ce que tu fais, me sortait-on souvent.

J'avais pourtant à l'intérieur de moi, une partie qui voulait en découdre avec cette peur de la mort, quoi de mieux que de l'affronter et la dompter dans son propre camp. Ma première entrée d'argent était une bénédiction, je ne rentrais pas tout de suite après le boulot, je profitais des heures de l'après-midi pour me désaltérer à la terrasse d'un bar. Pourquoi rentrer dans un appartement où rien ne se passe, où l'amour ne se propage pas.

Depuis le mariage plus rien n'allait, il y avait déjà des signes avant, mais l'amour rend aveugle.

Les crises d'angoisses refaisaient surface, celles-ci étaient bien plus atroces que celles vécues depuis mes débuts. Vint une énième confrontation avec la belle-famille, où la valve de la cocotte siffla et sauta. Madame souhaitait faire une pause, mais là c'était la goutte de trop, j'ai mis ma sentence à exécution en demandant le divorce. Comment pouvais-je accepter une pause dans un couple où l'échange n'existait pas, il n'y avait plus de joie dans le couple et niveau sexe, j'ai même su il y a quelques années de ça, que l'on pouvait porter plainte contre son ou sa conjoint(e) s'il n'y avait pas de relations sexuelles dans le couple.

8.

Fausse joie

Me voilà déjà libéré d'un premier poids qui me rongeait de l'intérieur. Je préférais me rendre malade que de rester plus longtemps dans ce couple. Je suis néanmoins bien heureux de ne pas avoir fait d'enfants, même si pour en avoir il faut déjà qu'il y ait relation. J'ai donc repris tout le high tech que je lui avais offert et j'ai quitté le domicile.

La vie, proche d'une campagne j'en ai toujours rêvé, le calme, peu de monde dans les rues, tout le monde se connaît, il fait bon vivre. Je me trouve une petite bourgade et m'y installe, malgré un trajet en RER et métro pour rejoindre mon boulot à Paris, le moral revenait au beau fixe. J'ai eu cette faculté de faire le deuil de mon divorce avant même que celui-ci ne soit prononcé.

Qui dit plus long trajet dit plus de stress, surtout à Paris, je ne peux plus profiter des bars dans la capitale, il valait mieux retourner chez soi en sachant qu'il y avait encore des trains pour rentrer.

J'ai pu faire la connaissance de quelques personnes de mon âge, dont une qui m'aura été d'un soutien, il habitait dans le même immeuble, nous avons sympathisé rapidement, dès que je sentais un coup de mou il m'ouvrait sa porte.

Je ne pensais pas pour autant que vivre seul aurait été aussi difficile pour moi.

J'aime être solitaire de temps en temps, mais j'ai énormément besoin d'être entouré.

Dès mon premier jour de repos, je profite du soleil pour visiter cette petite ville fortifiée. Là, juste en sortant de chez moi, je découvre qu'à cinquante mètres dans la pente, une agence de pompes funèbres.

— Qui ne tente rien n'a rien, me dis-je.

Quitter Paris, son stress, travailler à deux minutes à pied de chez soi, le bonheur était-il enfin revenu ? Ni une ni deux, je retourne chez moi, je prépare un CV et je me rends au culot à l'agence en proposant mes services d'agent funéraire. Je me dis qu'en habitant juste en face ce pouvait être un bon point.

Il m'en aura fallu très peu, après un différend avec la responsable de Paris qui m'avait mis hors de moi, je lâchais donc mon emploi et restais tranquillement à la maison en espérant une bonne nouvelle de l'agence visitée.

Au chômage, je restais constamment à la maison, je ruminais sur ma vie, je sortais, j'allais boire des verres. Une partie de mon salaire partait dans le remplissage de mon découvert, mais je ne gagnais plus autant que ce que je touchais à l'armée.

Mes crises d'angoisses apparaissaient quotidiennement, mes problèmes financiers à cause de l'armée m'empêchaient de pouvoir payer mon loyer à la fin, le crédit voiture me dépouillait aussi et comble de tout je ne pouvais rien toucher du chômage, j'avais démissionné.

Ce fut un ou deux mois après que l'agence en face me contacte, une lueur d'espoir. Malgré quelques mois à travailler avec eux, le métier devenait de plus en plus dur moralement, quand vous vous occupez de petits vieux, vous vous dites que c'est le cycle de la vie. Mais lorsque vous prenez en main un bambin de quelques semaines ou que vous voyez un môme plus jeune que vous allongé sur une table, nan je ne pouvais pas. De voir autant de jeunes, je faisais des crises d'angoisses, je craquais tout seul chez moi.

La seule image que j'avais, c'était qu'un jour ça allait être mon tour. J'ai toujours eu peur de la mort, j'en ai moins peur désormais, même si j'ai toujours une certaine appréhension. (Quand je vois dans quel monde on vit aujourd'hui, je me dis que ce n'est pas plus mal de mourir en fait).

Mes problèmes me rattrapaient aussi vite qu'Usain Bolt, il devenait dangereux de continuer dans cette misère. J'étais sur le point d'être expulsé de cet appartement, cela faisait des mois que je ne payais plus mes loyers, j'avais profité de la trêve hivernale et essayé de trouver une solution. Tout le temps que l'armée ne me payait pas les quatre mille cinq cents euros qu'ils me devaient (et qu'ils me doivent toujours cela dit en passant) j'ai décidé de tout quitter. Il me fallait repartir de zéro.

9.

Bienvenue en enfer

Me voilà de nouveau à Dunkerque, perdu dans les méandres de ma vie. Je suis obligé de passer par la case "départ" sauf que je ne touche pas vingt mille euros, mais l'avantage, c'est qu'à ce moment de la partie je souhaite arrêter de jouer.

Je mets carte sur table et je fous ma fierté dans ma poche, je me rends donc à la Banque de France et j'entame une procédure de surendettement.

Plus de voiture, plus de boulot, plus de fierté, il ne me reste plus que mes parents et ce toit sous lequel j'ai vécu mes premières années de bonheur, mon meilleur ami qui était là quand ça n'allait pas, on se soutenait mutuellement, puisqu'à deux on avait vécu les mêmes galères. J'aurais bien dit que je repartais à zéro, mais j'étais en dessous de zéro.

Je profite des amis puis un jour, l'un d'eux découvre sur un réseau social que quelqu'un s'amuse à me piétiner, à cracher sur ma personne. Je savais qui c'était puisqu'elle l'avait mis en public. Je m'en rappelle encore brièvement.

« on va jouer à un jeu. Qui a perdu ses emplois, qui voulait faire un book et a échoué, qui voulait partir au Canada, qui voulait écrire un roman, qui à un dossier de surendettement et qui est dans la merde aujourd'hui ? »

Voilà ce que j'avais pu lire. Qu'à cela ne tienne, ces personnes-là, puisque certaines répondaient, sont dans mon dos, là où ils doivent être.

"Vous savez quelle différence il y a entre un con et un voleur ? Un voleur, de temps en temps, ça se repose."

Jean-Paul Belmondo, Le Gignolo

Même si je vous avoue qu'au début, ça m'a affaibli, mes crises d'angoisses en profitaient pour m'épuiser physiquement et moralement. Le psychisme aussi en prenait un coup. À trente ans j'étais déjà à la tête d'un divorce, d'un dossier de surendettement et d'une perte de confiance en moi qui ont fait que tous les jours je prenais ma tension.

Dès que j'avais un souci, j'allais me renseigner sur internet pour savoir si c'était grave. Vous savez les fameux toubibs qui ont bac moins six, mais qui savent tout sur tout.

C'est aussi à cause de personnes comme ça que certains prennent peur et angoissent. Lire des absurdités sur internet est devenu monnaie courante. Nous sommes lobotomisés par les fausses informations.

J'ai appris que le cerveau assimilait plus facilement toutes les phrases négatives plutôt que celles qui étaient positives. Pourquoi dire à une personne que de toute manière, elle n'y arrivera pas ? Pourquoi ne pas être positif et lui dire :

— Essaie et tu verras.

Moins par moins ça fait toujours moins. Si on rabaisse une personne, comment voulez-vous qu'elle s'élève dans la vie ?

J'allais souvent chez mon médecin, je n'ai jamais eu de visite gratuite au bout de la dixième par contre. Je changeais de boulot comme de chemise, j'avais perdu confiance en moi, je n'osais pas aller vers les filles. Pourquoi discuter ?

— Que fais-tu dans la vie ?

— Je suis chômeur, surendetté, divorcé et peu confiant.

Quelle force de caractère je pouvais avoir lorsque je disais ça, dans ma tête. Il y eut pourtant de belles occasions de travail, je quittais Dunkerque, je travaillais, je faisais des crises d'angoisses, quelques-unes m'amenaient à l'hôpital, je n'arrivais pas à les contrôler.

Le démon qui sommeillait en moi venait de se réveiller. C'étaient les pires années de ma vie jusqu'en 2017.

10.

Le bout du tunnel ?

Je dis 2017, mais en 2009, alors que je retournais chez moi, le casque sur les oreilles et du métal symphonique à l'écoute, j'imaginais une histoire. J'en avais écrit quelques idées et pages sur mon ordinateur, malheureusement j'avais baissé les bras lorsque mon ordi planta et que j'avais tout perdu.

C'est en 2016 alors que je travaillais dans un hôtel restaurant gastronomique de Bourgogne, (oui j'étais revenu dans ce métier) que la flamme se raviva. Lorsque je servais, j'avais toujours un calepin et un stylo dans ma veste, non pas pour prendre les commandes des clients, le maître d'hôtel était présent pour s'en occuper. Non. Je notais des idées d'une histoire qui se jouait dans ma tête. Je ne le savais pas encore, mais j'étais en train de produire sans le vouloir mon premier roman.

L'alcool était mon ami, je rentrais du boulot, je me servais un petit verre, je sortais dans un bar, j'écrivais. Je trouvais une échappatoire à cette vie merdique, ces crises d'angoisses qui me bouffaient l'existence. Il en aura fallu une de trop pour mettre un terme au contrat de travail. Je ne donnais pas tort au patron. Qui voulait d'une personne qui était mal dans sa peau dans son établissement ? J'étais le virus qui pouvait contaminer toute l'équipe, cela dit en passant, lui avait le droit de se moisir le cerveau à deux pas des clients. Ça ne choquait personne, à part peut-être le sommelier et le chef de rang, qui trouvaient ça dérangeant. Mais voilà, j'ai souhaité en savoir plus, et j'ai su que lui aussi avait des soucis.

J'ai donc quitté la région pour revenir sur Dunkerque, oui encore une fois. À ce moment-là, j'étais épuisé. Je voulais tout faire, carrossier, flic, maton, je me proposais dans toutes les formations, il fallait que je trouve quelque chose. J'ai continué en même temps mon "roman" à ce stade je ne savais pas où j'allais, sauf dans mon histoire qui avait l'air de tenir la route. Entre temps, j'avais fait des recherches pour quitter définitivement la France, là encore le stress et les crises me rongeaient de l'intérieur. Je comprenais que mon cerveau construisait des phases futures d'une vie qui n'était pas encore faite. Je me projetais tellement loin et pensais dur comme fer que je me trouvais à cet endroit à l'instant T, que je me perdais dans mon imaginaire.

J'ai tenté par trois fois de m'installer au Canada, en 2017 j'étais à deux doigts de partir, mais l'amour a pointé le bout de son nez, j'ai de nouveau dépensé dans les soirées, qui étaient quotidiennes. J'avais ma lettre d'invitation et j'ai tout gâché pour rien finalement.

Quelques choses d'extraordinaire pourtant allait se produire. Je reste stupéfait devant mon écran d'ordinateur.

— J'ai fini, dis-je d'un air étonné.

J'avais terminé l'écriture d'une histoire de science-fiction. Je fais donc des recherches sur internet, je prends toutes les maisons d'éditions qui s'offrent à moi. J'envoie par mail et par courrier mon manuscrit puis laisse quelques mois s'écouler. Je reçois quatre réponses positives, le seul hic, c'est qu'il faut financer une partie de l'impression, je saurai plus tard que j'avais fait une erreur. Une de plus ou une de moins, je n'étais plus à ça près de toute manière. La cagnotte est un échec cuisant, je demande alors de l'aide à mes parents, qui m'auront ouvert une porte.

11.

Ma thérapie, mon combat

Dès la sortie de mon premier roman, je réfléchis à une nouvelle histoire, je me renseigne sur internet et découvre des lieux hantés dont peu de personnes connaissent l'existence.

— Et pourquoi pas tenter un roman d'horreur ?

Une idée me vient à l'esprit, je décide d'écrire les méandres de ma vie, toutes ces merdes qui se sont agglutinées depuis des années, les transformer en démons. Étant donné que j'étais moi-même à la recherche de l'élément déclencheur de mes crises d'angoisses, mon personnage principal, lui, devra faire des recherches sur son passé familial. Un détail fait qu'il rencontrera des gens qui vont le rendre fou, il perd sa femme et ses enfants. Lorsque j'ai écrit ce roman, je voulais une citation qui aille bien avec.

> **"La liberté consiste à choisir entre deux esclavages : l'égoïsme et la conscience. Celui qui choisit la conscience est l'homme libre".**
>
> **Victor Hugo**

Voilà une citation qui me donnait envie de me battre. J'avais entendu et lu que Stephen King avait des peurs, ses peurs, il les avait retranscrites dans ses romans. Je me disais que j'allais faire pareil. Pas à son niveau bien entendu, mais je voulais créer mes mondes. Depuis 2017 désormais, je travaille mes idées noires que je change en histoire horrifique. Je trouvais un plaisir d'écrire, comme je trouve un plaisir à écrire MON histoire.

J'avais trouvé ma nouvelle drogue, je commençais petit à petit à dompter la vie, ce n'était plus elle qui me lançait des challenges, je le faisais moi-même. Déterminé à venger cette fierté que j'avais perdue, à me venger de toutes ces merdes qui m'auront bouffé près de vingt ans.

Je trouvais enfin un sens à ma vie. Je sentais au fond de moi cette combativité que je n'avais pas avant. Le seul souci, c'est que les crises d'angoisses étaient encore présentes, maintenant que je voyageais dans mon esprit tordu, je me perdais dans ce monde irréel et j'avais du mal à ressortir de mes personnages.

J'ai décidé de mettre de côté, pendant une semaine, l'écriture. Je sortais pour marcher, prendre l'air et voir du monde. Même ainsi, j'avais des crises d'angoisses qui me pompaient mon énergie, j'étais de nouveau fatigué. J'appelais régulièrement les pompiers pour des crises incontrôlables, je me sentais à nouveau partir dans l'autre monde.

Entre 2017 et 2019, tout n'était pas rose pour autant. La première année est celle où, avec mon meilleur ami, nous étions partis en soirée dans un bar sur la plage de Malo-les-Bains et j'ai pleuré devant lui. Je lui ai avoué et j'en parlais pour la première fois depuis mon retour du Liban. Je vous avoue qu'au moment où je lui avais dit ça, je ne pensais pas tomber dans cette transition de malade. J'avais l'alcool un peu plus violent, sans être violent dans mes gestes, j'ai toujours eu la chance d'avoir un subconscient qui faisait attention à moi. Le fait d'avoir lâché cette bombe m'enlevait un poids, mais les retombées allaient être légèrement houleuses.

Je m'énervais pour un rien, je prenais la mouche même pour une broutille. C'était comme si ces putains de vingt années venaient de fusionner en une seule pour faire un feu d'artifice. Il aura fallu cet accident pour que je me remette les idées en place. Lors d'une soirée, nous nous sommes arrêtés pour fumer une petite cigarette près d'une décharge, ne me demandez pas pourquoi, même moi je ne m'en souviens plus. Je ne me souviens que cette course folle que j'ai eue en fonçant tête baissée contre une barrière aux gros poteaux en métal. Je vous rassure la barrière n'a rien. En me relevant, je continuais à discuter tranquillement en disant même à mon meilleur ami que ça faisait du bien, ça m'avait remis les idées à l'endroit.

Je sens quelque chose qui dégouline sur mon visage, je vais voir au niveau des phares de sa voiture et je remarque du sang sur mes mains. Je me relève et lui dit que je dois avoir un problème.

— Qu'est-ce qu'on fait ? Qu'il me sort.

— Bin je vais peut-être aller faire un tour à l'hôpital, nan ?

Il m'emmène aux urgences, pour une fois que ce n'était pas pour une crise d'angoisse. Ils regardent mon crâne et me révèlent que je suis ouvert. L'infirmier me pose des questions, je lui explique la situation, je remarque qu'il recule de deux pas. Il faut dire qu'avec l'haleine de chacal que j'avais après autant de bières, il pouvait reconnaître facilement les marques. Une infirmière était à côté de moi, je pensais qu'elle attendait qu'il termine son interrogatoire pour m'annoncer la suite des évènements. Elle retourne vers la porte et me dit d'attendre quelques minutes. Je lui demande s'ils comptaient me recoudre, elle me sourit en m'affirmant que c'était fait. L'alcool avait été un tranquillisant hors pair. L'infirmier sort à son tour et je l'entends encore s'exprimer : "au moins, il n'a pas l'alcool, méchant".

Je suis rentré et je me suis mis à pleurer. Quelques semaines passèrent et les crises d'angoisses étaient toujours présentes. Jusqu'au jour où j'en ai eu marre de sortir à chaque fois de l'hôpital en entendant me dire que tout allait bien. Mais pourquoi je revenais sans cesse alors ? J'ai pris la décision de faire des tests cardiaques, sanguins, en gros je voulais passer un contrôle technique du bonhomme.

Résultat des analyses : Rien. Frais comme un gardon, que j'étais. Il me fallait trouver une solution, l'écriture était une thérapie, il manquait néanmoins un déclic qui fasse que je n'ai plus de crises. Est-ce que cela existait au moins ?

12.

Je nais à nouveau

J'ai découvert des domaines que je connaissais de nom, mais dont je n'avais jamais testé les bienfaits. Pour moi, c'était du vent tout ce qu'on nous promettait.

Le nouveau Matthieu de 2017 a voulu tout même en apprendre davantage sur ces techniques. Je me suis mis alors à étudier la relaxation, la méditation. En 2018 après la sortie de deux nouveaux romans, j'ai décidé de me former à la sophrologie. Malgré mon dossier de surendettement, je pouvais à nouveau vivre sans trop de difficultés, même si ce n'était pas le grand luxe. Eh bien, quelle claque.

J'ai approfondi les méthodes de respiration et de cohérence cardiaque, à me créer un interrupteur qui m'amène directement dans ma bulle de bien-être. Pouvoir détruire toutes ces pensées négatives qui m'obstruaient la voie vers le bonheur. En quatre mois de temps, après la signature du contrat de formation, j'avais déjà ressenti de grands changements en moi. J'avais enfin le contrôle de mon corps, de mon cœur et de mon cerveau. Ce n'était plus lui qui dictait les règles désormais, je reprenais les rênes de MA vie. Je redécouvrais la vie telle qu'elle l'était avant mes neuf ans. Celle qui me faisait du bien, où j'avais le sourire et cette joie de vivre. À vrai dire, elle n'avait jamais disparu, je portais simplement des œillères.

Je la retrouvais.

Fin 2019, on entend aux journaux télévisés qu'un virus circule en Chine, à ce moment précis, je me dis que tout peu basculer à nouveau en une fraction de secondes. Nan ! J'arrive à positiver, à rester calme face à cette pandémie qui va nous diviser. Je me dis en souriant que si cette saloperie avait pointé le bout de son nez quelques années auparavant, j'aurais été dans de beaux draps. Peut-être ne serais-je plus là pour en parler, j'étais tellement à bout, démuni et fatigué, qui me dit que la Covid ne m'aurait pas emporté. Au lieu de ça, je l'ai acceptée avec philosophie.

Une nouvelle porte s'ouvrait également pour le Canada, j'ai tenté à nouveau ma chance, mais j'ai compris qu'il était bien difficile d'y entrer, je n'ai pas baissé les bras pour autant, un jour j'irai en vacances là-bas.

Les rêves les plus fous sont souvent difficiles à atteindre, mais je vais vous dire une bonne chose

Laissez parler les gens qui vous critiquent, qui se moquent de vous ou qui vous méprisent. Pour moi, ces gens-là se font tellement chier dans leur vie, qu'ils doivent se trouver une occupation à leur limite.

Croyez en vous, personne ne vous guidera vers le bonheur, il se crée dès qu'on se bat pour l'avoir. Je n'ai pas encore tout dans la vie, des amis ont leur maison, des enfants et tout ça.

Mon bonheur, c'est déjà d'être libéré de cette emprise, de regarder les gens qui me méprisent avec le sourire et leur montrer que j'ai réussi là où ils voulaient que j'échoue.

J'ai combattu mes démons et mes crises d'angoisse en si peu de temps, mais surtout, j'ai trouvé au fond de moi des compétences que moi-même je n'avais pas connaissance. Cela fait déjà quatre ans que je n'ai plus fait une seule crise d'angoisse, si je sens que quelque chose ne va pas, je m'installe, je respire, je me relaxe. À mon tour, j'ai aidé des amis qui ne se sentaient pas bien, je leur ai donné quelques conseils.

Je reprends ma vie à zéro, le sourire aux lèvres, la tête haute, j'essaie de vivre de ma passion, car d'autres challenges que je me suis lancé vont voir le jour.

Pour toutes les personnes sujettes aux crises d'angoisse et d'anxiété, ne lâchez jamais, n'hésitez pas à parler à des gens de confiance.

Je suis enfin maître de ma vie

et de mon destin.

Désormais je suis une personne au cœur sensible combiné à un caractère bien trempé. Je sais ce qui est bon pour moi.

Je remercie toutes les personnes qui n'ont jamais cru en moi, toutes les personnes qui m'ont méprisé et toutes les personnes qui m'ont rejeté, sans vous je ne serais pas la belle personne que je suis aujourd'hui aussi combative.

QUELQUES CONSEILS

Je ne vous laisse pas sans quelques conseils.

La première clé, pour ne plus avoir peur des crises d'angoisse, est simple.

<u>**ON N'EN MEURT PAS**</u>

Je sais que ça va en faire rire certains, mais ôtez-vous ça de la tête. Moi aussi je me le disais sans cesse. Ce qui fait que l'on pense qu'on va en mourir est déjà d'y penser et cet étau qui nous serre la poitrine.

La deuxième clé :

Respirez profondément. Une technique simple qui vient de la cohérence cardiaque, on l'appelle le 365.

3 fois par jours

6 respirations par minute

5 minutes

Au réveil, au coucher et à n'importe quel autre moment de la journée qui vous semble le plus adéquat, faire cet exercice, il ne dure que cinq minutes.

6 respirations par minute, ça donne :

    1 inspiration toutes les 5 secondes

    1 expiration toutes les 5 secondes

Donc une respiration toutes les 10 secondes.

Il y a des applications pour smartphone qui vous aident, ensuite vous pouvez le faire tout seul.

La troisième clé :

    Éloignez-vous des personnes nocives, négatives et qui vous dicterons ce que vous devez faire.

La quatrième clé :

    Ayez confiance en vous. Vous êtes la seule personne qui puisse sortir victorieuse de vos crises.

La cinquième clé :

Évitez un maximum les anxiolytiques, préférez plutôt des méthodes naturelles. Pour ma part, (sauf pendant mon passage en cellule psychiatrique) j'ai utilisé l'homéopathie, des huiles essentielles (la lavande est l'une des meilleures pour se relaxer). Utilisez les fleurs de Bach, qui peuvent vous aider même en cas de stress lors d'un examen par exemple.

La sixième clé :

Si vous avez besoin de parler, allez voir un médecin, un proche en qui vous avez confiance. N'allez pas sur les forums de toubibs bidons.

La septième clé :

Relaxez-vous, méditez. Pensez bonheur.

Le bonheur n'est pas simplement être riche financièrement, d'avoir tout ce que vous voulez dans la vie.

Le bonheur c'est avant d'être vivant, de se sentir épanoui dans la vie et d'y croire.

J'ai mis des années à me reconstruire parce que je n'avais pas d'aide. Je vous offre sur papier, quelques conseils.

N'oubliez pas une chose. Tout n'arrive pas en claquant des doigts, faites cela tous les jours et vous aurez des résultats.

J'espère que ce livre vous aidera, j'ai vécu tellement de choses, la vie a voulu que je relève des défis. Désormais, elle m'offre sa gratitude.

LE BONHEUR EST EN CHACUN DE NOUS.

CROYEZ EN VOUS.

TROUVEZ-LE.

Du même auteur :

Horreur

Utopiatrie

L'île aux poupées. Veux-tu jouer ?

Rédemption (fr et us)

Le réveil du diable

Science-fiction

Ultime Apocalypse : Projet Ulpia

© Février 2022, Matthieu Mercier

Édition : BoD – Books on Demand, 12/14 rond-point des Champs-Élysées, 75008 Paris.

Impression : BoD - Books on Demand, Norderstedt, Allemagne

ISBN : 978-2-3223-7514-1

Dépôt légal : Février 2022